AF315636

A LA MÉMOIRE

DE

M. EUGÈNE-PROSPER NICOLAS

CHANOINE HONORAIRE, CURÉ DE SEGRÉ

Mort le 2 septembre 1871.

ÉLOGE FUNÈBRE

PAR

M. l'abbé F. CLAUDE

Chanoine honoraire, Supérieur de l'Institution de Combrée.

PRIX : 1 FR. 25 c.

Se vend au profit de la reconstruction de la chapelle du Pinellier,
où sont déposés les restes du vénérable défunt.

SEGRÉ

IMPRIMERIE-LIBRAIRIE DE VALENTIN GERARD.

—

1871

MONSEIGNEUR (1),
MESSIEURS,
MES FRÈRES,

« C'est notre gloire, dit l'apôtre saint Paul aux Corinthiens, d'avoir paru dans le monde, et principalement au milieu de vous, avec les dons que Dieu nous a faits pour vous : *Gloria nostra hæc est* (2). Vous savez, en partie du moins, que nous sommes votre gloire : *Cognovistis nos ex parte, quod gloria vestra sumus* (3) ; de même vous serez la nôtre au jour de Notre-Seigneur Jésus-Christ : *Sicut et vos nostra, in die Domini nostri Jesu Christi* (4). »

Ces rares qualités qui appellent la louange, ne les avons-nous pas vues dans Celui qui gouvernait cette paroisse? Vous savez bien qu'il était votre

(1) Mgr Bompois, prélat de la Maison de Sa Sainteté.
(2) II Cor. I. 12. — (3) II Cor. I. 14. — (4) Ibid.

gloire, comme vous devez être la sienne, en ce moment qu'il a paru devant Dieu.

Le jour de Notre-Seigneur, en effet, est celui du jugement qui suit la mort. La mort a frappé cette cité au cœur, et l'a plongée dans le deuil. « Voici, dit le peuple d'Israël, que nous sommes devenus orphelins, notre père n'est plus : *Pupilli facti sumus absque patre* (1). » Il était couronné d'années, Mes Frères, le père que vous avez perdu ; sa longue existence s'était liée, entrelacée, à la vie de chacune de vos familles : il conduisit vos aïeuls à leur dernière demeure, bénit vos unions, et baptisa les enfants de vos enfants. Depuis près d'un demi-siècle il faisait l'œuvre de Dieu parmi vous ; vous l'entouriez de respect et d'amour. Le clergé de ce canton ressent vivement la perte de son chef vénéré ; l'Église voit disparaître un prêtre d'une dignité incomparable ; et le monde, qui ne sembla jamais si pauvre de sagesse et de vertu, lui doit, avec sa très-honorable famille et avec nous, des regrets et des larmes.

Sa tombe à peine fermée, notre douleur qui veille, nos cœurs qui prient, ne semblent-ils pas réclamer de nous le silence ? Que pouvons-nous ajouter à tout cet appareil de notre deuil, aux solennelles lamentations de la liturgie sacrée, à la mâle beauté de ces chants funèbres ? Quel éloge sera plus éloquent, Mes Frères, que votre empressement autour des restes mortels de votre pasteur, dès que vous avez pu faire toucher à son visage, à ses mains, des objets de piété, — que la cessation du travail et le grave recueillement de toute votre

(1) Thren. V. 3.

ville, au jour de ses funérailles, — que votre concours au pied de cet autel, que les bénédictions unanimes de votre reconnaissance, que votre vénération, que vos larmes, que le pieux souvenir enfin que chacun de vous enfouit, comme un trésor, au plus intime de son cœur?

Ah! vous le connaissiez, cet homme béni de la Providence, ce prêtre enrichi des plus nobles vertus! Dieu qui l'a orné de dons excellents, de grâces de choix, pour le montrer au monde, mais plus particulièrement à vous, ne veut-il pas « que nous nous rassemblions pour lui rendre grâces, » en notre nom et « au nom de son serviteur : *Ut ejus quæ in nobis est donationis, per multos gratiæ agantur pro nobis* (1)? Ne veut-il pas que nous gravions plus avant dans nos cœurs, s'il est possible, la mémoire d'une vie si pure, et que nous payions un juste tribut d'éloges à cette âme si bonne et si large, à cette piété sincère, à cette sagesse plus qu'humaine et à cette puissance surnaturelle, qu'il lui avait départies pour notre salut, et qui forment la plus solide gloire?

Que nous craignons de ne connaître qu'en partie de si beaux mérites : *Cognovistis ex parte!* et que nous voudrions voir en des mains plus habiles le soin de louer une existence si bien remplie! Nous essaierons du moins, puisque l'amitié nous y convie, de retracer devant vous les attentions de la bonté divine pour Celui que nous pleurons, les qualités supérieures dont elle l'avait doué et qui lui ont conquis l'estime du monde, — puis les solides vertus et l'action féconde du prêtre voué au

____

(1) II Cor., I. 11.

service de Dieu et des âmes. En deux mots : nous tâcherons de peindre le *Privilégié de la Providence,* et l'*Ouvrier de la grâce :* tel est le sujet et le partage de l'Éloge que nous consacrons à la mémoire de M. Eugène-Prosper NICOLAS, chanoine honoraire de la cathédrale d'Angers, curé de Segré.

I

« Depuis ma plus tendre enfance, jusqu'à ces trois quarts de siècle où je suis parvenu, disait M. Nicolas le jour où il célébrait dans cette église le cinquantième anniversaire de son sacerdoce, la divine Providence n'a pas cessé de me prodiguer les preuves les moins équivoques d'une protection toute particulière. » C'était une peinture fidèle de toute sa vie.

Né à Cholet, le 25 juin 1792, de parents honorables et vertueux, M. Nicolas n'avait que quinze mois, quand la défaite de l'armée vendéenne força nombre de familles à quitter leurs maisons incendiées et à s'enfuir vers la Loire. Son père venait de mourir, à Angers, sur l'échafaud révolutionnaire. Sa mère était bien connue pour ses nobles sentiments : elle part, à peine relevée de ses couches, emportant son onzième enfant dans ses bras. Eugène-Prosper, le dixième, est confié à une servante qui éperdue, égarée dans sa fuite, le dépose, à bout de forces, d'abord sur la berge du chemin, puis sur une charrette qui passe. Le bon ange qui seul, hélas ! garde l'infortuné, n'a point reçu l'ordre de le protéger contre le heurt des pierres ni contre les cahots de la route. Tombé de la voiture, non loin de Saint-Florent-le-Vieil, il gît dans la boue tout sanglant. Ses cris émeuvent la pitié d'un soldat républicain, qui l'emporte et le présente à Mme de la Guérinière, femme exaltée par les idées de la Révolution, mais d'un cœur excellent. Les plaies de l'enfant sont bandées; il devient l'objet des soins les plus dévoués.

Vous pensez, Mes Frères, au bon Samaritain de l'Évangile et à l'hôtelier charitable qui soigne le malade abandonné. Nous ne pouvons nous empêcher de songer à Moyse, le futur bienfaiteur de son peuple, né au temps des plus grandes tribulations, nourri quelques mois dans la maison de son père, exposé sur les eaux, enfin recueilli par la fille des Pharaons et élevé par elle comme son fils. C'était Dieu qui conduisait tout ; car, remarque l'historien sacré : « Quand Moyse fut né, Dieu l'aima : *Moyses natus est, et fuit gratus Deo* (1). » Dieu aimait aussi notre petit délaissé, sur qui il avait ses desseins.

Mme de la Guérinière l'avait d'abord confié à une femme sans entrailles ; elle le mit bientôt aux mains d'une véritable mère, Mme Rousseau, qui le soigna comme ses propres enfants. Elle avait une fille, qui était vivandière et suivait les armées. Affectionnée au petit Eugène-Prosper, celle-ci l'emmena avec elle, dans une de ses courses, à Saumur. Ce fut là que, par un nouveau trait de providence, grâce à l'étoffe particulière de sa robe, il fut reconnu par sa mère nourrice, reconduit à Cholet et rendu à sa famille.

Les fatigues et le chagrin lui avaient enlevé sa

1) Act. VII. 20.

mère. Le bien de son père était confisqué. Onze orphelins demeuraient sans ressources. Mais Dieu est encore là. Un homme très-estimable, M. Amaury, maire de la ville avant la Révolution, adopte Eugène-Prosper à son retour de l'exil, l'aime comme son fils et est chéri par lui comme un père. C'est sous cette main pieuse et ferme que l'enfant va grandir. Quand l'âge sera venu, il apprendra le commerce, il travaillera de ses mains, jusqu'à ce qu'enfin, comme nous le verrons plus tard, Mlle Amaury, après la mort de son père, remarquant les heureuses dispositions du jeune Nicolas pour la piété et pour l'étude, se décide à faire les frais de son éducation cléricale.

Que nous aimons à vous faire voir dans ce simple récit, Mes Frères, les sollicitudes maternelles de la Providence pour les petits et les délaissés de ce monde, pour ceux qui souffrent ou qui ont besoin d'une main secourable ! Hommes de peu de foi, prenez confiance en votre Père céleste, il n'abandonnera personne de ceux qui, avec un cœur sincère, auront recours à lui.

Après une protection si étonnante, admirons maintenant combien le Ciel a richement doué son *Privilégié*. Dieu n'aime en nous que les dons qu'il y met. Ses œuvres lui paraissent belles, et il les aime, parce qu'elles reflètent quelque chose de sa sagesse et de sa puissance. Parce que l'homme seul porte ses traits, participe à son amour, à son intelligence, à son activité féconde, il le chérit de toute sa tendresse, lui donne son Fils et le rachète de son sang. Or à qui a-t-il donné une nature plus noble et plus élevée qu'à M. Nicolas ? La majesté des traits, la bonté du cœur, un esprit pénétrant et délicat, un caractère doux dans une âme généreuse, tels sont les avantages dont il se plaît à l'enrichir pour le montrer au monde : *In simplicitate cordis…, et non in sapientiâ carnali…, conversati sumus in hoc mundo.*

L'Écriture ne dédaigne pas, Mes Frères, de rapporter à la louange de Notre-Seigneur, qu' « il était le plus beau des enfants des hommes ; » elle dit aussi du Patriarche Joseph, qu' « il avait un extérieur majestueux et un air plein de charmes : *Pulchrâ facie et decorus aspectu* (1). Pourquoi ne louerions-nous pas en M. Nicolas sa taille imposante, la grâce de son visage, la distinction de ses manières, cette dignité qui ne le quittait jamais, cet air si doux qui enhardissait les plus timides, et cette gravité solennelle qui interdisait toute familiarité et eût décontenancé les plus hardis ? N'est-ce pas là « cette beauté qui règne, » dont parle le Sage : « *Accipient regnum decoris* (2) ? » A qui mieux appliquer l'expression d'un poète sacré : « Privilégié de Dieu, vous avez les traits du Christ : *Cura Dei facies Christi* (3) ! » Le fait est que rarement un homme a porté plus haut la dignité extérieure du prêtre. — « Avez-vous à me montrer un curé comme celui-ci, disait Mᵍʳ Angebault à l'un de ses collègues en lui présentant M. Nicolas ? » Dans son voyage de Hollande, à Harlem, il est pris pour l'archevêque de Paris que l'on attendait ce jour-là dans la ville. « Il n'y a point à s'y tromper, » se dit le prêtre qui desservait l'église où se reposait, en entendant les belles orgues, l'humble pélerin ; et il va le saluer, à sa grande confusion, du titre

(1) Genes. XXXIX. 6. — (2) Prov. V. 17. — (3) Prudent. poet.

d'archevêque. — « Vous avez vu Pie IX ? disaient à un homme de peu de piété ses amis en train de railler. Oui, dit-il, et j'en ai été bien saisi ; il a un aspect qui vous gagne malgré vous : c'est comme M. le curé de Segré ! » — C'était bien là, en effet, tout l'usage que sût faire M. le curé, d'un prestige auquel il ne pensa jamais pour lui-même : gagner les cœurs et les ramener à Dieu ! Il voulut même tirer vengeance des compliments qui avaient pu affliger sa modestie. « Mes enfants, dit-il quelque temps avant de mourir, si je ne suis pas trop défiguré, vous demanderez qu'on me porte à découvert dans la ville : on verra alors ce que valent ces avantages dont on a bien osé me louer quelquefois. » — Ah ! que le monde est loin de ces graves pensées ! Quelle leçon pour ces âmes frivoles qui ne vivent que des sens et ne se repaissent que de vanités, pour ces cœurs coupables qui font servir à l'aliment de leurs passions honteuses, en les profanant, des dons que Dieu n'accorde que pour sa gloire !

Mais descendons à la vraie source de cette puissance sympathique, qui n'est qu'illusion, quand elle ne vient pas de la bonté du cœur. « C'est le cœur du Sage, dit l'Écriture, qui met la grâce sur ses lèvres : *Cor sapientis labiis ejus addet gratiam* (1). » « A celui qui est bon, le Seigneur prodiguera la grâce : *Qui bonus est, hauriet gratiam a Domino* (2). » Et qui jamais eut un cœur plus simple, plus large, plus bienveillant que M. Nicolas ?

Sa belle physionomie révélait d'abord sa bonté

(1) Prov. XVI. 23. — (2) Prov. XII. 2.

simple et franche. Le plus gracieux sourire éclairait tous ses traits, et dans son âge avancé le branlement de sa tête vénérable faisait comme rayonner ce gracieux sourire. Modèle d'urbanité, de savoir-vivre, d'exquise politesse, il ne semblait point avoir besoin du précepte de l'Apôtre, pour « prévenir d'honneur tous ses frères : *Honore invicem prævenientes* (1). » La même courtoisie accueillait le petit et le grand, le pauvre et le riche. Simple et droit, son cœur était tout à tous, et chacun pouvait croire le posséder tout entier. — C'était surtout avec ses confrères qu'il se montrait plein de déférence et d'affabilité, traitant le plus jeune lévite avec les mêmes égards que le vieillard en cheveux blancs. Qu'il faisait beau le voir, dans leurs réunions, obligeant, gracieux, cordial sans familiarité, guerroyeur aimable du temps de MM. Audureau, Charbonneau, Cholleau, Coquin, Courtois, toujours gai, toujours respectueux et respecté, vrai type enfin du vieux clergé français aux allures si grandioses et si dignes dans leur simplicité. — Il est certain que ses lettres intimes débordaient d'amitié, de naïve bonté, d'attentions délicates et de charmes : c'était le langage du cœur au cœur, mais un langage tout empreint de profondeur et de science. La modestie de ses correspondants veut en garder le secret.

Les pauvres peuvent dire combien son cœur était large, quels étaient sa discrétion et son empressement à soulager toutes les misères. Simplement vêtu, aussi simplement meublé, il ne s'accordait que le nécessaire, et distribuait aux indi-

(1) Rom. XII. 10.

gents, adroitement, sans les froisser, toutes les ressources qu'il tenait de ses modestes émoluments ou de la charité privée. Quel tressaillement de joie dut s'emparer de son cœur, le jour où un grand homme de bien, tout dévoué à votre ville, assura à vos vieillards, au nom de sa vénérable amie Mme Swetchine, du pain et des soins charitables pour leurs derniers jours !

Mes Frères, c'est le malheur qui apprend à compatir au malheur, et qui rend le cœur bienveillant. Des épreuves inouïes avaient préparé M. Nicolas, dès son enfance, à toutes les sollicitudes et à toutes les miséricordes. Orphelin, abandonné à la pitié de ses ennemis, torturé par toutes les angoisses morales, quand il put connaître les hommes et les choses de son temps, à qui refusa-t-il plus tard la compassion de son âme, son dévouement dans l'infortune, ses plus tendres consolations dans l'affliction et le malheur ? Il avait spécialement le tact des âmes, pressentait leurs douleurs, prévenait leurs confidences, savait à fond « l'art pourtant si difficile, comme il le disait lui-même, de rallumer la mèche encore fumante, sans s'exposer à l'éteindre, et de redresser le roseau à demi-froissé, sans craindre de le briser tout-à-fait. » — Il n'eut peut-être jamais à pardonner à autrui : il n'avait point et ne pouvait avoir d'ennemis personnels. Mais s'oubliant toujours lui-même, il ne songeait qu'à la peine qu'il pensait causer aux autres. « Mes enfants, disait-il le lendemain d'une des crises de sa dernière maladie, j'ai été bien exigeant hier, veuillez me le pardonner. » Et lorsque le Dieu des miséricordes vint le visiter pour la dernière fois dans le saint Viatique, ne vous demanda-t-il pas pardon à tous, Mes Frères, des impatiences de son zèle, des manquements pourtant si légers de son ministère? Oui, voilà le cœur simple et bon, sans rancune et sans défaillance, que le grand Apôtre pouvait se glorifier, au témoignage de sa conscience, d'avoir porté dans le monde : *Gloria nostra hæc est, testimonium conscientiæ nostræ, quod in simplicitate cordis... conversati sumus in hoc mundo.*

Un trait de son cœur excellent assura à M. Nicolas tout son avenir. M. Amaury étant mort, le fils adoptif, entraîné par sa vive affection et plus hardi que les propres enfants, alla déposer sur le front glacé du défunt le baiser de l'éternel adieu. Mlle Sophie, la fille aînée de M. Amaury, profondément émue de cet acte pieux, adopta dès lors à son tour le jeune orphelin, et lui voua une amitié qui ne devait s'éteindre qu'avec la vie. C'est elle qui le fit entrer au collége de Cholet, pour commencer ses études de latin. Un bon et digne prêtre, M. Raimbault, dirigeait alors cette maison; il devina et aima son nouvel écolier. Pendant le jour, Eugène-Prosper enseignait les éléments à soixante enfants, et pendant la nuit il étudiait pour sa propre instruction. Ses progrès néanmoins furent si rapides, qu'au bout de trois ans il fut reçu bachelier, sans examen, tant il l'emportait sur ses rivaux aux yeux de ses examinateurs et de ses maîtres.

Intelligence facile, élevée, il aimait l'étude et y consacrait tout le temps qu'il ne donnait pas à sa paroisse ou à ses hôtes. Depuis plus de quarante ans que ses veilles se prolongeaient fort avant dans la nuit, quels livres n'a-t-il pas lus, et, pour ainsi dire, retenus? Sa belle mémoire le dispensait d'é-

crire. A côté de l'Écriture, de la théologie, des
Pères, de l'histoire de l'Église et des Saints, il
avait toujours présentes, avec les faits de notre
histoire nationale, les meilleures pages de la litté-
rature profane ancienne ou moderne, et ne dé-
meurait étranger à aucune découverte, à aucune
œuvre sérieuse de nos temps. — Observateur ha-
bile, il connaissait bien les hommes, devinait leurs
faiblesses, pénétrait leurs desseins, et n'agissait
avec eux qu'après mûr examen. Aussi quelle sagesse dans sa conduite comme dans ses avis ! Rarement il a eu à se déjuger lui-même, et plus rarement encore vous avez pu vous repentir d'avoir
suivi ses conseils. La sûreté de son coup-d'œil
tempérait d'ordinaire les mouvements les plus vifs
de son âme ; l'enthousiasme ne l'entraînait jamais
à agir. — Il avait le goût des voyages, parce qu'il
sentait le besoin d'observer pour apprendre. « Contempler pour savoir dénote un esprit supérieur,
dit Cicéron, vouloir être au cours de tout n'est que
le fait d'un curieux. » M. Nicolas sentait son âme
se dilater aux grands spectacles de la nature ; il
prenait plaisir à élargir ses idées, à rectifier ses
jugements, au contact des législations, des cou-
tumes, des aspirations diverses qui règnent chez
les nations voisines, en Angleterre, en Suisse, en
Hollande, en Espagne : on apprend en compa-
rant ; on tolère, on aime mieux les hommes, quand
on les a vus de près. L'art était comme un aimant
pour son esprit délicat et élevé : point de monuments, surtout de monuments religieux, qu'il ne
voulût visiter dans les contrées qu'il traversait.
Nos édifices nationaux, nos plus belles cathédrales,
Notre-Dame-de-France, les merveilles de Cologne,

d'Einsielden, de Westminster, de Saragosse, il les *savait* en homme d'érudition et de goût. Son premier soin, sans doute, était de nourrir et d'édifier sa piété ; mais qu'il revenait riche d'anecdotes, de fines observations, de traits de mœurs délicatement saisis ! Il butinait, comme l'abeille, avec un discernement et un art consommés. « Dieu lui-même, dit l'Écriture, aime le pélerin ; il lui donne la nourriture et le vêtement : *Ipse Deus amat peregrinum, et dat ei victum atque vestitum.* Il veut que nous l'aimions comme lui : *Et vos ergò amate peregrinos* (1). » Vous l'aimiez à son départ, Mes Frères, votre cher pélerin ; vos vœux l'accompagnaient dans le voyage ; ni la nourriture ni le vêtement ne lui manquaient ; des parents dévoués, un serviteur fidèle, accompagnaient ses pas devenus chancelants. Mais vous l'aimiez encore mieux à son retour, avec sa santé rafraîchie, avec sa provision de charmantes histoires. C'était alors que son esprit et son cœur se rencontraient dans ces délicieux récits, qu'il vous faisait du haut de cette chaire, ou qu'il répétait avec tant de charmes au coin de son foyer.

La conversation est un art et le foyer un sanctuaire : deux choses, Mes Frères, que notre siècle a sacrifiées aux plaisirs et aux affaires. « Ne négligez point les récits des vieillards, dit l'Écriture ; car eux-mêmes ont appris de leurs pères : *Non te prætereat narratio seniorum ; ipsi enim didicerunt à patribus suis* (2). » Leur prudence expérimentée est la meilleure école d'une jeunesse qui veut être sage. Et combien a plus de véritable repos, de vé-

(1) Deut. X. 18. — (2) Eccli. VIII. 11.

ritables charmes, ce foyer où règnent, avec le bonheur de la famille, le respect, le bon ton, l'hospitalité bienveillante, la conversation édifiante, instruite, polie autant qu'animée, cordial échange de sentiments et d'idées, joûte variée d'innocentes attaques et de fines reparties, petit théâtre enfin où l'homme, après une journée donnée à la matière, se ressaisit et se sent revivre avec toutes les facultés de son esprit et toutes les vertus de son cœur ? Oui, combien il y a là plus de repos véritable et de suave plaisir, que dans les cercles où le monde, parlant une langue avilie, égare ses idées, puise de fausses maximes, ruine ses mœurs et finit souvent par demander à la boisson ou au jeu d'abréger ses loisirs ! Rarement les hommes bien élevés eurent sous les yeux un plus parfait modèle de cet art oublié de la conversation, que M. Nicolas. Sans prétention, son langage était correct, gracieux, pittoresque, finement caustique, ne contenant jamais un mot qu'on dût lui pardonner : il ne se complaisait point en lui-même, et ne descendait ni dans vos salons ni dans vos rues pour s'entendre vous charmer ; il accueillait ses hôtes dans les termes les plus engageants et les plus aimables, savait écouter aussi bien que répondre, interrogeait au besoin, remplissait tout le temps, quelque long qu'il fût, des à-propos que fournissaient l'heure présente ou la situation de l'auditeur, des récits de sa jeunesse ou de ses voyages, et se voyait interrompre sans regret par le moment du départ. Est-ce là une sagesse ordinaire, et que nous puissions oublier ? Non, c'est l'épanouissement d'une nature privilégiée ; donnons-lui sa louange, et pénétrons jusqu'au fond de cette grande âme, en qui la virilité le disputait à la douceur.

Saint François de Sales, Mes Frères, est le modèle que semble avoir copié M. Nicolas. «Je songe toujours à ce bon saint, quand je lis les lettres de M. le curé de Segré, » disait son correspondant le plus intime. Même dignité, en effet, même cœur, même esprit, même douceur ; ajoutons, même nature de feu assouplie et domptée. Le monde n'a que des vertus faciles : il ne veut pas savoir ce qu'il en coûte pour se posséder soi-même ; aussi que de caractères inégaux, bizarres, insupportables, que d'emportements funestes, que de natures perverties, faute de lutter contre soi ! Vous pouvez en souffrir assez, dans vos ateliers ou dans vos ménages, pour admirer cette constante égalité d'humeur, ce caractère toujours ouvert et toujours abordable qui vous semblaient si naturels en M. Nicolas. Avec une raison supérieure et une énergie invincible, il avait maté, discipliné, son tempérament plein de fougue ; et ne pensez pas que ce fût le travail d'un jour ; car les derniers temps de sa vie furent peut-être ceux où le coursier ardent trahit le plus souvent son cavalier fatigué et vieilli. « O grand César, disait Cicéron, mieux vaut savoir régner sur soi-même que remporter tant de victoires. » Ce mérite tient plus de la vertu que de la nature, nous le savons ; mais il n'appartient qu'aux âmes fortement trempées. « Ce que je trouve de plus remarquable dans M. le curé de Segré, nous écrivait un homme de talent et de très-grande piété, c'est qu'il n'y a eu ni haut ni bas dans sa vie. » Se ressembler toujours à soi-même, ne jamais se démentir, c'est, en effet, aussi rare que méritoire. Aussi qu'il faisait bon à son

2

foyer ! Que les membres privilégiés de sa famille
qui partageaient son existence, étaient heureux de
contempler de près sa belle âme et de servir ses
vieux ans ! Qu'il les aimait et qu'ils l'aimaient ! Ses
serviteurs, — il n'en eut que trois en quarante-six
ans, — ses servantes, tous d'une admirable fidélité, n'ambitionnaient que de vieillir avec lui : la
mort seule ou la nécessité les exilait de la cure.
« Cette cure est le paradis des vicaires, » disait
l'un de ses collègues. Personne n'a jamais su qu'il
eût à souffrir de cette vie à deux toujours épineuse,
quel que soit l'heureux accord des caractères : il
ne s'est jamais plaint de ses vicaires. Il est vrai
que la Providence, en les choisissant, lui conti-
nuait toujours ses faveurs ; mais son éloge n'en
ressort pas moins de leur respect, de leur tendre
déférence et de leur inviolable attachement. Et le
monde, Mes Frères, a-t-il pu élever le moindre
grief, même dans les temps les plus troublés,
contre l'impartialité généreuse et patiente de M. le
curé ? Refoulant, au besoin, dans son cœur ses
sympathies politiques, sans abdiquer ses convic-
tions, « il eut toujours le bonheur, comme il le dit,
de rendre à Dieu ce qui est à Dieu, et à César ce
qui est à César, » de pouvoir rendre, même à quel-
ques-uns de ses confrères, des services signalés,
et de mériter une égale confiance et un égal respect de tous ses paroissiens. Apprenez de lui, Mes
Frères, à avoir même justice et même cœur pour
tous.

Le voilà donc, cet homme aimé de Dieu, tel que
la Providence le recueillit et le montra au monde,
avec les dons d'une nature privilégiée, tel que vous
l'avez admiré et chéri, tel enfin qu'il demeurera à

jamais présent à vos cœurs. Nos louanges n'ont point égalé ses mérites. Essayons néanmoins encore de raconter, quelles furent, spécialement au milieu de vous, les vertus et les œuvres de son sacerdoce : *Abundantiùs autem ad vos.*

II

« Que les prêtres qui gouvernent bien, dit l'Apôtre, soient regardés comme dignes d'un double honneur : *Qui benè præsunt presbyteri, duplici honore digni habeantur* (1). » Il ne suffit plus, dans la charge pastorale, d'être un homme heureusement doué, distingué, intelligent ; aux qualités il faut ajouter les vertus, et répondre aux grâces divines par un concours zélé. Quel prêtre mérita mieux que **M.** Nicolas, après la louange due à l'homme de bien, l'honneur réservé à l'*Ouvrier de la grâce*, au ministre selon le cœur de Dieu ?

Né du sang toujours fécond des martyrs, il n'avait point de vocation plus indiquée que le sacerdoce. Il avait sucé la piété avec le lait de sa digne mère : femme d'énergie et de foi, elle méritait l'honneur de compter un lévite parmi ses nombreux enfants. Son père était mort pour avoir caché des prêtres : on pourrait citer bien des exemples d'un dévouement semblable récompensé par des vocations ecclésiastiques. La bonté divine « qui l'avait recueilli à terre tout dénué : *Suscitans a*

______
(1) I Tim. V. 17.

terra inopem, voulait un jour l'élever au rang des princes du peuple chrétien : *Ut collocet eum cum principibus populi sui* (1). » « Elle avait bien raison, disait-il plus tard, je devais être prêtre suivant l'ordre de Melchisedech, puisque je n'avais plus ni père ni mère. » En vain l'impiété révolutionnaire, par les mains du général Moulins, le baptise dérisoirement avec du vin rouge, et lui donne le nom de Brutus ; en vain sa bienfaitrice, Mme de la Guérinière, lui représente que la Révolution va sévir de nouveau contre la religion, et qu'il aura peut-être à payer de sa tête sa vocation obstinée : l'appel et la grâce de Dieu le rassurent contre tous les dangers ; il s'en tient aux goûts, aux inclinations de son enfance qui le portaient à dresser de petits autels, à prêcher, à préluder innocemment à ses fonctions futures, tout en servant de modèle aux enfants de son âge, selon le rapport de l'un de ses amis les plus chers et les plus distingués, M. l'abbé Bernier, mort chanoine de la cathédrale d'Angers. Entré dans la carrière des études, M. Nicolas arriva comme d'un bond au grand séminaire. Le séminaire était dirigé alors, comme aujourd'hui, par la digne et pieuse Compagnie de Saint-Sulpice ; le supérieur était M. Mellioc, homme d'une profonde expérience et justement estimé de tout le vieux clergé angevin : il prit en affection le jeune séminariste et lui prodigua tous ses soins. Il ne lui reprochait qu'un peu trop de gaîté. Heureuse faiblesse d'une âme franche et pure, librement épanouie dans une atmosphère de piété, de paix profonde et d'amitié vraie ; car tous les condisci-

____

(1) Ps. CXII. 6-7.

ples de M. Nicolas l'aimaient et louaient à l'envi la distinction de son esprit et l'aménité de son caractère. C'est assez dire qu'il était le plus régulier, le plus studieux, voué tout entier à l'esprit de sa vocation. — Trop jeune en sortant du séminaire pour recevoir les saints ordres, il fut placé, en qualité de professeur, à l'École ecclésiastique d'Angers, avec les membres les plus distingués du clergé d'alors, entre autres MM. Gourdon, Rhodier et Baugé : c'étaient l'éloquence, la science théologique et l'érudition jointes à toutes les richesses de l'esprit. Sur ces divers points, M. Nicolas avait bien peu à envier à ses excellents amis : en bonne grâce, il ne le cédait à aucun. — Encore diacre il quitta le professorat, au bout de dix-huit mois environ, pour le vicariat de Notre-Dame d'Angers. Un saint prêtre, M. Arnail, guida ses premiers pas dans la carrière sacerdotale. Mais avant de le voir à l'œuvre, remarquons son admirable fidélité à la grâce.

Jusque dans sa vieillesse, il bénissait la Providence qui l'avait amené, à travers les vicissitudes les plus étonnantes, au divin service de l'autel. Mais il avait commencé par répondre, comme Samuel, dès ses plus jeunes années, aux inspirations et à la voix du Ciel. Sa jeunesse était demeurée pure, sa foi inébranlable ; rien n'eût pu lui faire violer la loi de son bon Maître. Un vendredi, qu'il se trouvait à Saint-Florent chez sa bienfaitrice, vers l'âge de quinze ans, il refusa avec autant de modestie que de courage, devant tous les convives, de toucher aux mets de la table servie en gras. Cette constance lui mérita un éloge public et un plus vive affection de la part de Mme de la Guér nière ; mais qu'elle lui gagnait bien mieux encore le cœur de son Dieu ! « Courage, bon et fidèle serviteur, » devaient lui crier du haut du Ciel ses héroïques parents, « vous entrerez dans le royaume du Seigneur ; » c'est-à-dire ici, « dans la tribu sainte, dans le royal sacerdoce » de son Église. « Personne n'y entre légitimement sans y être appelé (1), » dit saint Paul ; mais personne aussi sans avoir correspondu à l'appel. Combien parmi vous, Mes Frères, à qui Dieu tend la main et qui la repoussent, qui ne veulent ni de son joug ni de ses miséricordes, à qui aucune grâce ne manque et qui manquent à toutes les grâces ? Qu'ils sont sévèrement condamnés par l'exemple de ce jeune lévite si empressé à l'étude, si reconnaissant envers ses bienfaiteurs, mais également libre de respect humain, si attentif à entourer sa jeunesse cléricale de tous les conseils, de toutes les précautions et de toute la modestie possible ! — Dieu enfin l'introduit à l'autel. Dès lors toute sa préoccupation est de mettre à profit les faveurs insignes qu'il y reçoit ; ce sera encore l'objet de ses dernières inquiétudes. Voilà, Mes Frères, l'admirable délicatesse de l'*Ouvrier* que le Seigneur appelle à sa vigne : suivons-le dans son ministère.

Ordonné prêtre en 1817, M. Nicolas ne resta que deux ans vicaire à Notre-Dame ; mais ce fut assez pour graver dans tous les cœurs le souvenir de sa douce gravité, de sa piété profonde et de son zèle ardent pour les âmes. Il s'était fait connaître pendant les Cent Jours, deux ans avant son ordination, aux habitants d'Yzernay, parmi lesquels il

(1) Heb. V. 4.

avait cherché un abri contre la tourmente, avec son ami M. Bernier. Cette paroisse, ayant perdu son pasteur, envoya ses notables auprès de Mgr Montault, pour solliciter la nomination de M. Nicolas à la cure d'Yzernay. Mgr Montault qui était bon pour tout son peuple, l'était particulièrement pour le jeune abbé que les malheurs de sa famille, ses qualités personnelles et les attentions de la Providence signalaient à son affection. Il fut nommé à Yzernay : il n'avait pas 27 ans. « Ce fut là que pendant six ans et demi, dit-il lui-même, Dieu voulut bien bénir mon ministère. Malgré des travaux incessants de jour et de nuit, la bonté divine me prodiguait les consolations les plus douces pour le cœur d'un prêtre…, le pasteur et les brebis n'avaient qu'un même esprit, et quand, par obéissance, il fallut nous séparer, Dieu seul connaît l'amertume du sacrifice que nous eûmes à lui offrir. » Seul pour desservir une aussi vaste paroisse, le nouveau curé la parcourait sans cesse pour le besoin des malades, en sorte qu'il en connaissait jusqu'aux moindres sentiers, passait de longues heures au confessionnal, se multipliait et pourvoyait à toutes les exigences de sa charge. Son zèle fut récompensé par la visite du premier pasteur. Il y avait plus de cinquante ans qu'Yzernay n'avait vu son évêque ; une ovation pleine de simplicité et de joie accueillit Mgr Montault. « Nous ne sommes que les habitants du désert, disait le curé à l'évêque, mais nous défions les cités les plus brillantes de pouvoir vous offrir des cœurs plus dévoués et plus remplis de vénération pour votre auguste caractère. » Il y avait bien quelques égarés, quelques tièdes, ajoutait le jeune pasteur,

mais la plupart faisaient son bonheur et son espérance. Tel est en effet le vrai bonheur du prêtre,
ramener ou garder les âmes à Jésus-Christ son
Maître, leur assurer dans l'accomplissement de sa
loi le salut éternel. « O Corinthiens, disait l'Apôtre, je vous ai engendrés dans le Christ... ; mon
cœur se dilate quad je pense à vous (1). » Et jusque
dans ses derniers jours M. Nicolas ne poussait-il
pas le même soupir? « J'ai voué mon cœur à
Yzernay, disait-il autrefois, je veux qu'il y retourne
après ma mort ! » Mais non, Mes Frères, vous
l'aviez gagné, ce cœur, depuis longtemps ; votre
vénération et votre amour ne le cédaient point aux
souvenirs toujours vivants de la paroisse vendéenne. C'est à vous plus particulièrement que la
Providence l'avait destiné et qu'il s'est donné lui-
même : *Abundantiùs autem ad vos.*

Nommé curé de Segré, au mois de juin 1825,
M. Nicolas y fut installé, à la Saint-Pierre, par son
ami M. Montalan, vicaire-général. Ce fut une céré-
monie touchante et qui vous révéla dès le premier
abord que Dieu vous avait privilégiés dans le choix
de votre pasteur. Il remplaçait au milieu de vous
un homme de grande réputation, M. le docteur
Meignan, aussi distingué par ses vertus que par sa
science. « Je vins, dit l'humble prêtre, fort de mon
obéissance, m'asseoir dans sa chaire ; et Dieu,
continuant son œuvre de miséricorde, voulut se
servir de ma faible voix, pour ramener à la foi des
cœurs que l'abus de l'esprit et le malheur des
temps avaient si douloureusement égarés. » Le
succès ne pouvait manquer à sa bonne volonté ;

(1) I Cor. IV. 15 ; II Cor. VI. 11.

car il convenait, avant tous, à l'administration de-
cette paroisse.

Votre ville a été de tout temps riche en familles
patriarchales, profondément chrétiennes ; la générosité, la docilité, le respect y encouragent et y sou-
tiennent le ministère du prêtre. Mais vous ne nous
en voudrez pas d'avouer, — tant le présent peut
vous consoler du passé, — qu'à des époques trou-
blées par l'irréligion ou la politique, le scepticisme
railleur, le désordre des mœurs, l'indifférence ou
l'hostilité des puissants, la servilité ou le respect
humain des faibles, ont pu régner, par intervalles,
avec des hommes de passage, dans ce petit centre
administratif, et y entraver l'action bienfaisante de
la religion. Il vous fallait dès lors un curé d'une
piété exemplaire pour défier la malignité du monde,
d'une foi éclairée et inébranlable pour instruire et
lutter, d'une bonté enfin capable de gagner les
plus rebelles ou de les laisser sans excuse. Cette
bonté, M. Nicolas l'avait : l'homme sous ce rapport servait admirablement le prêtre ; nous nous
attacherons tout-à-l'heure à peindre sa piété et sa
foi agissante. Passons d'abord en revue les œuvres
extérieures de son activité pastorale.

Peu d'années après son arrivée à Segré, M. Nicolas fit rebâtir le presbytère. Sans luxe, à peine
assez vaste, cet édifice est la demeure qui convenait aux goûts comme aux fonctions du pasteur.
De ce site admirable, l'œil du père de famille peut
compter et suivre tous ses enfants, son oreille entendre leurs soupirs. Sentinelle vigilante, il signale
au loin la tempête ; ouvrier infatigable, il trouve à
sa porte le grand air qui répare ses forces ; près du
temple de Dieu, ministre fidèle, il est toujours

prêt à consoler le cœur qui souffre ou à le nourrir du pain des forts : *Sacerdos præstò est, quotidiè ministrans* (1). Le troupeau aussi peut voir qu'il est bien gardé par celui qui ne dort ni ne sommeille jusqu'à une heure avancée de la nuit, sacrifiant son repos à l'étude et à l'oraison. Demeure désormais embaumée, consacrée, par les souvenirs d'une vie simple et austère, par les prières et par la mort d'un saint! — Et vous, Mes Frères, bannissez de vos maisons la discorde, les crimes, les blasphèmes; qu'elles soient chastes et ne servent d'écho qu'à la vérité et à la prière.

L'église fut rebâtie vers 1836; la première pierre en fut bénite par Mgr Flaget, évêque de Bardstown en Amérique, mort en odeur de sainteté. C'est l'un des plus précieux souvenirs de cette reconstruction. Elle était, dans le temps, ce que l'on savait faire de mieux comme architecture religieuse; elle n'a point perdu le mérite d'une disposition commode pour le culte, et M. Nicolas n'y voulait voir, avec la trace de votre bonne volonté pour Dieu, que la maison de la prière et du sacrifice. Dédiée à la Madeleine, elle allait bien à son cœur miséricordieux; et qui dira les larmes qu'elle lui a vu répandre, les oraisons prolongées, les visites solitaires au Dieu du tabernacle, dont elle fut seule le témoin avec les anges? C'est la piété des fidèles, Mes Frères, qui fait la principale beauté d'un temple. Vous êtes les pierres précieuses, qui doivent cadrer dans les constructions de la Jérusalem céleste. Venez toujours ici aussi nombreux, aussi recueillis que vous l'êtes en ce moment, vous don-

(1) Heb. X. 11.

nerez à votre église une splendeur incomparable,
et vous réaliserez le vœu le plus cher à votre vénéré père, en vous souvenant que vous êtes vous-
mêmes le temple le plus agréable à Dieu : *Vos
enim estis templum Dei* (1).

S'il est une œuvre qui intéresse au plus haut
point un esprit mûr qui connaît toutes les voies
des hommes, et un cœur chrétien, un cœur d'a-
pôtre et de père, c'est celle de l'éducation de l'enfance ; aucune ne pouvait être plus chère à M. Nicolas. Inutile de songer ici à des questions irri-
tantes. Les services rendus et les souvenirs fondés
sur l'estime étaient respectables pour M. le curé,
comme pour vous ; il s'agissait de mieux faire en
multipliant les dévouements ; et la religion qui ne
craint pas plus la liberté et la concurrence, qu'elle
ne peut abdiquer ses droits, devait réclamer sa
part aussi large que possible, quand il fallait travailler au bien de vos enfants, qui sont en même
temps les siens par la filiation de leur baptême et
par leur naissance à la foi. De grandes générosités
se rencontrèrent ; M. Nicolas contribua de ses de-
niers, en se privant ; et l'on vit s'élever successive-
ment, dans votre ville, l'école des Frères de la
Doctrine chrétienne et celle des Sœurs de Sainte-
Anne de Saumur : cette dernière se compléta d'un
pensionnat, d'un ouvroir et d'un asile. Des luttes
s'ouvrirent, où le véritable profit, produit par l'é-
mulation, resta à tout le monde, tandis que s'as-
surait, à la grande joie de M. le curé et des autres
bienfaiteurs que Dieu connaît, le succès définitif
de deux établissements que vous avez appris à

(1) II Cor. VI. 16.

bénir, que vous bénirez longtemps avec la mémoire
de votre père, et dont l'avenir repose, non moins
sur votre esprit chrétien, que sur l'impartiale exé-
cution de la loi. Vous accompliriez, au besoin, la
recommandation de l'apôtre saint Jean : « Prenez
bien garde à vous : *Videte vosmetipsos* ; ne perdez
point le fruit de vos bonnes œuvres : *Ne perdatis
quæ operati estis* (1). » Ne le perdez point, surtout
pour vos enfants ; qu'ils puisent avec ardeur aux
sources de la foi et des principes chrétiens ; car
c'est là une vérité marquée dans l'Écriture et ru-
dement expérimentée par nos malheurs, une vérité que méditait sans cesse notre digne vieillard
dans l'amertume de son âme si française : Dieu ne
redeviendra notre protecteur et notre vengeur que
lorsque nous redeviendrons son peuple, un peuple
ouvertement et solidement chrétien : *Et ero illorum
Deus, et ipsi erunt mihi populus* (2).

Nous ne pouvons redire toutes les œuvres ac-
complies par M. Nicolas ou avec son concours ;
mais comment oublierions-nous la chapelle et le
pélerinage de saint Joseph? Car, si cette œuvre
n'est pas due à l'inspiration de M. le curé, elle
convenait admirablement à sa tendre dévotion pour
le glorieux époux de Marie ; et elle a presque con-
sumé une vie qui lui était aussi chère que la sienne.
Rien n'a été plus fécond pour ranimer la piété,
dans cette paroisse et dans tous les environs, que
la dévotion à saint Joseph. Le grand secret de la
piété, c'est la prière. Or dans cette gracieuse chapelle solitaire on prie ; on prie avec une confiance
naïve autant que bien fondée ; le père de la Sainte

____

(1) II Joan. VIII. — (2) II Cor. VI. 16.

Famille signale sa toute-puissance auprès de son divin Fils par des grâces importantes ; tous les besoins s'adressent au protecteur de l'ouvrier, au patron de la bonne mort ; des messes se disent ; des processions viennent quelquefois, bannières déployées, saper le règne du respect humain ; et saint Joseph, établi sur les fondements de l'ancienne église paroissiale de Saint-Sauveur, sans jalousie pour la colline rivale, a souvent indiqué la Madeleine à des cœurs changés et repentants. Quelle jouissance pour M. Nicolas de voir prospérer une œuvre si conforme à son immense charité pour les âmes et à sa douce piété ! Car ce sont là les deux vertus dominantes de son long ministère auprès de vous.

La piété qui est utile à tout, est indispensable au bon prêtre. Le prêtre ! Mes Frères, vous n'avez peut-être pas assez compris quelle est sa mission et d'où vient sa force. C'est Dieu qui agit par ses mains, qui instruit par sa bouche, qui absout, qui console par son ministère. L'homme n'est que l'instrument d'une puissance qu'il ne possède pas de lui-même. Mais quels fruits porteront ses travaux, en dehors de l'efficacité propre à la grâce, si son cœur n'est pas étroitement uni par la piété au cœur de Celui qui l'envoie. Il ne sent point, ne comprend point, l'impulsion divine, la suit en aveugle ou la néglige. Or ce sont la prière et le saint sacrifice qui mettent l'âme pieuse en rapport avec son Dieu.

L'oraison était pour M. Nicolas l'effusion naïve d'un cœur sans reproche, en présence de son bon Maître. Comme sa physionomie s'illuminait, dès que l'un de ses enfants ou de ses frères paraissait devant lui, ainsi s'épanouissait son âme pure devant la face de son Dieu. Il s'entretenait doucement, cœur à cœur, avec le Père des miséricordes, lui parlait de ses besoins, de ses faiblesses, des brebis égarées ou chancelantes de son troupeau chéri, criait merci pour les pauvres pécheurs, offrait tout son être pour le salut des âmes, et se relevait inondé des bontés célestes, plus fort, plus courageux, plus heureux. Quel recueillement et quelle régularité dans la récitation du saint bréviaire! C'est là une prière quotidienne faite au nom de l'Église, une partie de la mission du prêtre, un bonheur toujours nouveau là où le monde ne soupçonne qu'un ennui. « Je ne puis me figurer un bon prêtre qui n'aimerait pas son bréviaire, » disait souvent M. le curé. Jusqu'aux six derniers jours de sa vie, il ne voulut sacrifier à aucune prière la consolation de réciter le saint office ; il arriva même que pendant la nuit il en brûla quelques pages. « Oh ! mes enfants, dit-il, quand on le lui fit remarquer, il y aura encore des bréviaires après moi. »

Mais c'est à l'autel que sa piété était attentive, recueillie et profonde. Ce n'est plus rien d'avoir conversé avec son Dieu, quand on le porte dans ses mains, quand on fait de son corps sa nourriture, et de son sang son breuvage, quand on le possède tout entier pour soi. M. Nicolas oubliait tout, pour ne voir que la sainte victime ; il eût volontiers prolongé le sacrifice, pour demeurer plus longtemps en colloque avec elle, tandis que vous n'accusiez peut-être de sa lenteur que la nature et l'âge. Déjà ses forces ne lui permettaient plus de monter seul à l'autel, qu'il voulait encore célébrer la sainte messe. Soutenu par des mains respectueuses, il interrompait deux ou trois fois la fonction sacrée, afin de retrouver la force de l'achever. C'est là que vous alliez contempler cette âme vaillante dans un corps défaillant, et gémir de votre propre tiédeur ou de l'indifférence coupable de tant de chrétiens, qui craignent d'éprouver le moindre dérangement, la moindre fatigue, pour venir trouver le Dieu de l'Eucharistie et accomplir les préceptes de l'Église.

Disons encore un seul mot, Mes Frères, de la dévotion de M. le curé envers les saints, la sainte Vierge, sainte Madeleine, sainte Thérèse. Avec quel bonheur il visitait leurs sanctuaires, disait la sainte messe sur leurs tombeaux, ou recueillait les traits édifiants qu'il vous citait avant le prône. Le chapelet était sa ressource favorite ; il pensait avoir fait autant de bien en le récitant chaque dimanche après les vêpres, que par tout le reste de son ministère.

A l'homme de piété il ne faut plus qu'une foi vive, pour brûler du désir de sauver les âmes, et y travailler de toutes ses forces avec l'assistance divine. La foi, ce n'est plus, comme la piété, une douce chaleur qui anime et vivifie l'âme ; c'est un rayon céleste qui ouvre à l'homme un jour nouveau sur les mystères de son origine et de sa fin, sur les bontés de Dieu, sur les profondeurs éternelles. Dès qu'un cœur échauffé par l'amour a compris la Croix, l'Enfer, le Ciel, il s'élance à la conquête des âmes rachetées du sang de Jésus-Christ, s'abdique lui-même, ne connaît plus ses aises, ne sert plus qu'un maître et n'a plus devant les yeux qu'un

but. Avons-nous besoin de vous peindre l'abnéga-
tion et le zèle de M. Nicolas ? Ne parlant jamais de
ses bonnes œuvres, il ne souffrait pas qu'on le
plaignît de ses fatigues, quand il avait prolongé ses
travaux pour le bien des fidèles, n'admettait aucun
adoucissement à son régime toujours maigre du
carême, et voulut observer la loi du jeûne jusqu'à
l'avant-dernière année de sa vie. — Au confessionnal il remplissait toutes les fonctions du juge, du mé-
decin et du père, avec une complaisance, une charité, une sagesse et une expérience des âmes, que
rarement un prêtre a possédées comme lui. Aussi
que de larmes il a arrachées aux cœurs repentants,
que d'inquiétudes il a calmées, que d'âmes il a
gagnées et affermies pour toujours dans les voies
du salut ! Sa douceur et sa sainteté lui attiraient la
confiance d'un grand nombre : beaucoup rediront
volontiers que jamais confesseur ne leur fit autant
d'impression ni autant de bien.

Le vrai zèle cherche à réconcilier, mais non
moins à instruire. Au catéchisme personne ne savait mieux que M. Nicolas, captiver l'attention des
enfants, leur rendre attrayants les premiers éléments de la doctrine, leur imprimer le sens chrétien. Simple et clair, son enseignement ne manquait
jamais d'intérêt. — Il portait dans la chaire les
mêmes qualités, y joignait la gravité et la fermeté,
s'élevait souvent jusqu'aux accents d'une éloquence
supérieure, quand l'indignation ou la compassion
débordaient de son âme, et relevait toujours son
action par un air majestueux et digne. Un jour
d'Épiphanie que M. de Salvandy, grand-maître de
l'Université, assistait à son prône : « Vous avez là,
dit-il à l'éloquent homme d'État qu'il venait visiter,

un curé tel qu'il y en a peu même à Paris. » « J'ai fait une guerre incessante au vice et à l'erreur, disait le zélé pasteur, prêchant à temps et à contre-temps, suivant l'avis de l'Apôtre, et malgré le dépit secret de quelques pauvres brebis égarées. » Vous saviez du moins, Mes Frères, qu'il n'obéissait pas à d'autre mobile qu'à son amour pour la vérité. Plutôt que de la retenir captive, il allongeait quelquefois ses discours, et remplissait toujours par conscience un ministère pour lequel il se sentait du goût.

Sa conviction, comme sa foi, était inébranlable ; il avait un respect et un amour singuliers pour l'Église : malheur à qui venait, par trop d'ignorance ou sans assez de bonne foi, en attaquer devant lui la morale ou les enseignements. Un homme du monde se le permit un jour à sa table, devant Mᵍʳ Angebault : il prit aussitôt la parole, vengea la vérité en quelques mots et réduisit sans pitié son adversaire au silence. L'évêque était inquiet : la suite pouvait être pénible. Mais le contradicteur se levant prend la main du curé et lui dit : « Vous aimez encore mieux la vérité que les hommes ; je vous remercie. » Le carême suivant cet homme revenait à Dieu.

Si jamais cette âme, si entièrement au service de Dieu et de ses frères, éprouva, comme le divin Maître, des défaillances et des dégoûts, ce n'étaient point les difficultés qu'il put rencontrer parfois dans son administration paroissiale, qui les lui occasionnaient ; c'était uniquement, comme il le déclarait lui-même, la poignante douleur d'un cœur brûlant de zèle, qui voit s'égarer et se perdre, malgré ses plus charitables et ses plus constants efforts, une jeunesse tendrement chérie, des chrétiens rachetés du sang de Jésus-Christ, des enfants spirituels dont il est dit à chaque prêtre constitué dans le ministère : « Vous rendrez âme pour âme. » O père, disait le pasteur plein d'angoisse, en s'adressant à son évêque, lors de la visite pastorale en 1846, faites que ce calice passe loin de moi ; délivrez-moi de ma charge, qui est devenue ma croix. Heureusement Mgr Angebault ne voulut point entendre parler de démission. Dans la même année, M. le curé alla passer quelques jours de retraite à Notre-Dame-de-Fourvières. En sortant de là, il se dirige vers Ars, s'abouche avec le vénérable curé, et lui fait part de ses chagrins et du désir qu'il a de quitter sa paroisse. « Retournez à votre poste, dit le serviteur de Dieu ; il n'y a pas trop de bons pasteurs. Voyez, je suis exténué de fatigues et je reste ici. » Quel éloge que cet ordre du saint vieillard, à qui Dieu révéla si souvent le fond des âmes !

Docile à la voix du Ciel, l'*Ouvrier* de la grâce revint continuer ses travaux et reprendre sa houlette. Dieu lui ménageait désormais des consolations plus abondantes. Ses forces se prolongeaient comme sa vie. Malgré le poids d'un ministère si laborieusement rempli, il vit arriver, encore plein de vigueur, le cinquantième anniversaire de son ordination sacerdotale. C'est alors, principalement, qu'éclatèrent les témoignages de la reconnaissance, de la vénération et de l'attachement, dont vous l'aviez toujours si fidèlement environné. Mgr Angebault, accompagné de Mgr Charbonnaux, vicaire apostolique du Maïssour, honora la fête de sa présence. Entouré de nombreux confrères et amis, de

tous ses paroissiens, M. le curé célébra une messe
solennelle d'action de grâces. Votre générosité
avait préparé un splendide banquet; le soir il ne
se trouva personne d'assez dénué pour ne pas illu-
miner sa demeure; les rues étaient pleines de lu-
mière, tandis que des feux de couleur projetaient
du presbytère et de l'église les plus beaux effets
sur toute la cité. Les pauvres ne furent point ou-
bliés : M. Nicolas leur fit remettre le prix du dîner
offert par les dames de la ville. Tous les cœurs
étaient à l'unisson; jamais triomphe plus hono-
rable ne couronna une vie plus dévouée. L'heureux
pasteur voulut en remercier sainte Madeleine et fit
un pèlerinage à son tombeau. Plus tard, trouvant,
suivant sa naïve expression, que sainte Marie et
sainte Marthe pourraient bien être jalouses, il se
remit en marche pour le Midi de la France; mais
ce voyage le fatigua beaucoup.

Il sentait dès lors les atteintes plus fréquentes
de ce mal, qui l'avertit sérieusement plus d'un an
avant de le frapper à mort. Sa santé s'affaiblissait
par degré, sans rien ôter à la sérénité ni à la vigueur de son âme. Sans l'altération progressive de
ses traits, on l'eût dit, quand il n'avait point à
marcher, tel qu'il y a dix ans par l'amabilité de
son accueil, par la fraîcheur de son esprit et de sa
mémoire. C'est ainsi que « la vieillesse est une
couronne d'honneur pour ceux qui ont marché
dans les voies de la justice : *Corona dignitatis se-
nectus, quæ in viis justitiæ reperietur* (1). » La mort
venait lentement; elle était depuis longtemps pré-
vue et attendue. « Que faut-il penser de nous,

(1) Prov. XVI. 31.

maintenant que nous avons soixante ans ? disait quelquefois à son ami le vénérable M. Coquin, curé de Sainte-Gemmes. — Ah ! que penser autre chose, sinon que nous mourrons bientôt, » reprenait aussitôt M. Nicolas. Tous les deux répétaient avec l'Apôtre : « Soit que nous vivions, soit que nous mourions, nous sommes à Dieu : *Sivè vivimus, sivè morimur, Domini sumus* (1). » « Mes enfants, disait le bon père l'une des dernières fois qu'il voulut faire le catéchisme, je vais bientôt mourir, vous ne m'oublierez pas, vous prierez pour moi. » — Combien de vous, Mes Frères, voyant le malade s'affaiblir, adressaient au Seigneur d'humbles reproches avec leurs prières : « Seigneur, le serviteur que vous aimez, va mourir : *Domine, ecce quem amas, infirmatur* (2). » Dieu ne lui tenait compte de vos supplications, que pour lui adoucir les dernières épreuves de la vie ; car qui sera trouvé pur et irréprochable devant le Juge suprême ? — Le malade s'inquiétait, au souvenir des grands bienfaits du Ciel pendant une si longue vie. La Providence, par une dernière et bien précieuse attention, lui amena pour ange consolateur Mgr de Limoges, son ancien vicaire, la veille même de sa mort. « Ah ! monseigneur, lui dit-il, quand je pense que, depuis cinquante-quatre ans, je bois tous les jours le sang de Jésus-Christ, que je crains de n'avoir pas bien usé de tant de faveurs ! — Dites plutôt avec saint Antoine, reprend le pieux et aimable prélat : Depuis quatre-vingts ans que tu sers le Seigneur, ô mon âme, pourquoi crains-tu ? — Je ne suis point saint Antoine, répond le mourant, et je n'ai point servi

____

(1) Rom. XIV. 8. — (2) Joan. XI. 3.

Dieu comme lui. » Ce fut dans les sentiments de la
plus humble et de la plus parfaite résignation,
qu'il reçut les derniers sacrements de la main du
dévoué confrère chargé du soin de sa conscience.
Il répondit à la touchante allocution qui lui fut
adressée, demanda pardon à Dieu et à tous les fidèles que l'on put admettre à circuler près de son
lit, et en bénit un grand nombre en leur adressant
un mot aimable. Il éprouvait par moments, et con-
tinuellement vers la fin, les douleurs les plus ai-
guës ; mais ni un murmure ni une plainte ne sor-
tirent de ses lèvres. Son cœur s'élevait vers le ciel,
comptant pour rien ce que nous avons à souffrir
ici-bas, en comparaison de l'éternelle gloire qui
attend le juste par-delà la mort. En pleine connais-
sance, sans agitation, sans agonie, comme un fruit
d'une maturité parfaite qui se détache de la bran-
che qui l'a nourri, il quitta ce monde où il servit
Dieu de toute son âme jusque dans sa quatre-
vingtième année, pour entrer dans le repos de son
éternité, le soir du samedi 2 septembre.

Recueillons-nous, Mes Frères, jetons un dernier
regard sur une vie si privilégiée et si bien remplie,
couronnée d'une mort si précieuse, et apprenons
de la sorte à bien vivre pour bien mourir. Quelque
suivies que fussent les attentions divines à son
égard, M. Nicolas les prenait plutôt pour des sur-
prises aimables, et tout en comptant sur Dieu ne
se dispensait d'aucun de ses devoirs. Les dons
qu'il avait reçu du Ciel, il n'y arrêtait sa pensée,
que pour songer au compte qu'il devrait en rendre ;
les bienfaits de la grâce l'effrayaient presque plus
qu'ils ne le consolaient ; de là son humilité profonde ; de là ses délicates appréhensions de n'en

avoir point fait assez pour les âmes. Travailleur infatigable, il ne fit que redoubler d'ardeur, quand il aperçut le déclin du jour. — Vie pleine d'édification, mais peut-être aussi de secrets reproches pour nous, Mes Frères, qui ne songeons qu'à nourrir notre égoïsme et notre sensualité, des biens que nous recevons d'en-haut, qu'à tirer vanité de la beauté, des honneurs, de tout ce qui passe et périt avec nous. Si peu que nous ayons d'intelligence et de savoir, nous déraisonnons comme le monde, et nous trahissons la vérité. Nous ne savons point nous vaincre, si ce n'est pour nos plaisirs ou nos affaires, presque jamais pour le salut de nos âmes. Quand nous faisons à Dieu une part si petite dans une vie souvent si courte, pouvons-nous prétendre, que nous admirons et aimons sincèrement ce serviteur fidèle, qui n'a rempli ses quatre-vingts années que de l'exercice des plus sublimes vertus et des travaux du plus saint des ministères? Est-il passé en nous quelque chose de ce courage chrétien, de cette chaleur de zèle, avec lesquels il s'attachait à notre salut comme au sien? Nous le voyons, ramassant le peu de forces qui lui restent, quitter le lit où il attend le trépas, descendre au chevet d'un mourant dont il ne cessait, depuis longues années, de poursuivre et de demander le retour à Dieu ; puis le lendemain, ranimé un instant par la joie du Bon Pasteur, gravir la colline, pour faire hommage de sa conquête au Patron de la bonne mort, et vous conjurer avec larmes de rendre grâces au Ciel avec lui. Ah ! ne craignons point, Mes Frères, qu'une charité si pure ait manqué le but et ne soit pas déjà en possession de sa récompense. « Je sais à qui je me suis confié, dit saint Paul ; il est assez puissant pour que je retrouve un jour entre ses mains le fruit de mes travaux : *Scio cui credidi, et certus sum quia potens est depositum meum, servare in illum diem* (1). » Abandonnons nos cœurs à l'espérance pour consoler notre douleur ; que la prière adoucisse nos regrets ; nous reverrons au ciel le saint prêtre qui fut notre pasteur et notre père. Que si sa douce mémoire, toujours vivante au milieu de nous, demeure fixée dans nos âmes avec ses traits, ne l'y gardons point stérile. Les dignes prêtres, ses neveux, à qui il laisse pour héritage ses belles vertus et les nobles exemples de sa vie sacerdotale, ne manqueront point d'en enrichir leur propre vie. Le successeur que Dieu lui réserve, s'inspirera de son souvenir pour faire à son tour votre bonheur et votre gloire. Souvenez-vous donc aussi, que l'ouvrier divin, qui a terminé sa longue journée, attend de vous là-haut le témoignage d'une vie fructueusement employée par ses soins ; que vous êtes dès maintenant une partie de sa gloire, et que vous devez être un jour sa couronne dans l'éternel bonheur. C'est là, ô père, que nous vous adressons nos adieux, ou plutôt que nous prenons rendez-vous ; tendez la main aux faibles ; protégez cette cité contre tous les maux ; et que votre prière nous obtienne à tous la grâce de vivre et de mourir comme vous. Ainsi soit-il.

(1) II Tim. I. 12.

Segré, Imprimerie de V. Gérard.